D1422784

# Hinweise zur Silbenfibel®

Die Silbenfibel® ist das Buch für Leseanfänger. Die Illustrationen laden ein zum Erzählen und Besprechen. Die Texte sind gleichermaßen Lese-Training und Lesefutter, sowie ein Vorleseangebot.

## Silben als Ganzheit

In der Silbenfibel® werden die Silben als Ganzheit eingeführt. Das erleichtert allen Kindern das Lesen- und das orthografisch korrekte Schreibenlernen. Die Silbenfibel® setzt beim Wissensstand der Leseanfänger an und trainiert systematisch und aufbauend in klaren nachvollziehbaren Schritten.

Es ist nicht notwendig, sondern sogar schädlich, wenn einem Leseanfänger zuerst die Laute der Buchstaben „m" und „u" einzeln genannt werden und dann von ihm erwartet wird, dass er danach die Silbe „mu" lesen soll. Viele Kinder lautieren die Buchstaben nacheinander. Sie sind nicht in der Lage, die Koartikulation der beiden Buchstaben flüssig zu sprechen. Wird die Silbe jedoch von Anfang an als Ganzheit gelesen, ist das fehlerhafte Lautieren ausgeschlossen.

## Die Silbenschule (S. 2 bis 27)

Auf den ersten Seiten erscheinen Silben, also Buchstabenkombinationen aus einem Mitlaut und einem Selbstlaut (a, e, i, o, u). Der Mitlaut kann – darauf weist ja schon seine Bezeichnung hin – nur zusammen mit einem Selbstlaut gelesen werden.

Beim Lesen der Silben wird gleichzeitig der Zeigefinger der Schreibhand in einem Bogen unter der Silbe mitgeführt (Pfeile). Die Augenbewegung von links nach rechts wird dadurch unterstützt. Diese Praxis wird auf den Seiten der Silbenschule beibehalten. Aus diesem Grund sind die Zwischenräume zwischen Silben und Wörtern groß gehalten. Namen sind dadurch kenntlich gemacht, dass sie zweifarbig gedruckt sind.

## Einführung der Silben und Buchstaben

Die eingeführten Silben und Buchstaben befinden sich auf den Doppelseiten immer in der Kassette oben rechts. Die Lesetexte enthalten immer nur die bis zu dieser Doppelseite eingeführten Silben und Buchstaben. Die Selbstlaute (a, e, i, o, u) werden benannt, die Mitlaute werden anfangs (Seite 2 bis 27) nicht isoliert bekannt gegeben. (siehe Ankertiere und Lautgebärden)

## Ganzwörter

In den Kassetten links oben befinden sich Ganzwörter. Z.B.:
- Auf Seite 8 stehen links oben die Wörter „im" und „am". Für viele Kinder stellt es eine besondere Schwierigkeit dar, die Silben „mi" und „im" zu unterscheiden.
- Auf Seite 10 wird das Wort „ist" als Ganzwort eingeführt, da die Buchstaben „s" und „t" noch nicht vorgekommen sind.
- Auf Seite 20 wird das Wort „isst" markiert, weil hier zum ersten Mal Doppelkonsonanten erscheinen.

Diese Ganzwörter werden den Kindern erklärt.

## Wort-Bild-Sätze und Illustrations-Texte

Damit die Kinder rasch sinntragende Sätze lesen können, werden ab S. 8 Wort-Bild-Kombinationen angeboten. Diese Wort-Bild-Sätze werden gelesen, nachdem die Kinder die Silbenreihen flüssig lesen. Ein weiteres Lese-Angebot sind die in den Illustrationen enthaltenen Texte.

## Lesen mit dem farbigen Silbentrenner

Wenn die Silbenschule (S. 2 bis 27) erfolgreich durchlaufen ist, sind die weiteren Texte mit dem zweifarbigen Silbentrenner ausgestattet. Der farbige Silbentrenner markiert die Sprech-Silben. Der Silbentrenner ermöglicht den Kindern sehr schnell flüssig und sinnverstehend zu lesen.

Warum ist das so?

Zum Beispiel können bei dem Wort „Giraffe" die ersten drei Buchstaben „Gir" als Gruppe gelesen werden: Gir - af - fe. Das könnte dann der Name einer besonderen Affenart sein. Mit den farbigen Silben dagegen werden sofort die richtigen Buchstabengruppen erkannt: Giraffe. Beim Lesen ergibt sich automatisch der richtige Sinn. Es ist das Tier mit dem langen Hals gemeint. Beim Lesen in Sprech-Silben klingen die Wörter so, wie wir sie sprechen und hören. Kinder, die schon flüssig lesen, werden durch diese Hilfe nicht gebremst. Wenn die Kinder mit dem Silbentrenner flüssig lesen gelernt haben, gelingt der Umstieg auf einfarbige Texte völlig problemlos.

## Rechtschreibung

Die farbigen Silben helfen nicht nur beim Lesen, sondern auch bei der Rechtschreibung. Sie machen die Struktur der deutschen Sprache sichtbar. Der Leseanfänger nimmt von Anfang an die Silbengliederung der Wörter wahr – und kann so die richtige Schreibweise ableiten.

## Ankertiere und Lautgebärden im Anhang (ab S. 84)

Damit die Einführung der Buchstaben für Schreibanfänger leichter gelingt, erhält jeder Buchstabe ein Ankertier. Das Ankertier soll den Buchstaben in nachdrücklicher Weise verankern. Dabei ist es nicht notwendig, dass der Name des Ankertieres mit dem jeweiligen Buchstaben beginnt, vgl. X, x = Ankertier Boxer. Für eine noch tiefere Verankerung liegt zu jedem Ankertier eine eigene Geschichte vor: Tiergeschichten mit Mia und Mio, s. S. 97.

Die Lautgebärden schlagen die Brücke zwischen dem Buchstaben und dem Laut. Sie ermöglichen eine eindeutige Identifizierung der Mitlaute, ohne – wie in der Silbenmethode in der Anfangsphase gefordert – ihre „Namen" bekannt zu geben. Weitere Hinweise auf S. 88

## Markieren die farbigen Silben die Worttrennung?

Die farbigen Silben zeigen die Sprech-Silben eines Wortes an. In den allermeisten Fällen ist das identisch mit der möglichen Worttrennung am Zeilenende. In erster Linie bei der Trennung einzelner Vokale (a, e, i, o, u; z.B. E-va, O-fen, Ra-di-o) gibt es einen Unterschied: Nach der aktuellen Rechtschreibung werden diese am Zeilenende nicht abgetrennt. Da diese Wörter aber mehrere Sprech-Silben haben, sind diese auch mit zwei Farben gekennzeichnet: Eva, Ofen, Radio.

Weitere Informationen zur Silbenmethode auf: www.abc-der-tiere.de

Das Autorenteam von ABC der Tiere wünscht allen Kindern einen erfolgreichen Start in die Welt der Bücher und Ihnen viel Freude bei der Begleitung auf diesem Weg.

# ABC der Tiere

## Lesen in Silben

### Die Silbenfibel®

Erarbeitet von
**Rosmarie Handt,**
**Klaus Kuhn**
**und**
**Kerstin Mrowka-Nienstedt**

Illustriert von
**Ingrid Hecht**

*www.ABC-der-Tiere.de*

**Mildenberger**

im

am

Mia

Mia im

Oma am

Mama am

ist

Memo ist am ____ .

Mama ist im ____ .

Mio ist am ____ .

Mimi ist am ____ .

10

me mu me

me mi me ma

me mo me mu

ma me mi mo mu

11

Papa

Ist

Lama

Papa ist im  .

Mama ist am  .

Ist Mia am Muli-  ?

Mia ist im  .

Muli

Info-Center

La
la
…

Lilo

Limo

Limo1€

la    li    le

la    lo    la    lo

lu    la    le    la    li

Lama    Limo

Muli    lila    Lilo

und

sind

Mio male E

Mia und Mio sind im .

Mia und Mama sind am .

Mio ist am .

Mimi ist im .

Oma , Mia und Mio sind im  .

Toto

Toto

Ti
ti
...

tu    tu
ta    tu    ta    tu
ta    ti    ta    ti    ta
ta    te    ti    to    tu

Zoo-Quiz

Rettet die
wilden Tiere!

Timo ist am 🪑 .

Lili [malt] Toto .

Mia [malt] Tila .

17

ruft

ri  ra  ru
ra  ro  ru  re  ri
ra  re  ri  ro  ru

Mia

Mio

Mama ist im  .

Mama ruft Mia .

Mia ist im  . Mia ruft Mio .

Mio ist  . Mio ruft Oma .

Oma ist am ▢ und ruft Mimi .

Muli Ria ist im ⌂ und ruft ia .

isst

Tilo , Mia und Lisa sind am  .

sa  so  su  se  si

si  sa  so  sa  su

su  si  so  sa  sum

Sa
sa
...

Lisa
Mia

Susi isst ⬭ mit Honig .

Mio isst ⬭ mit Salami .

Sara ruft Lisa und Mia .

Alle sind im  .

Wo ist Uwe ?

Uwe ist am  .

22

wau wau

wo wa wo wa wi

we wi wa wo wu

wa we wi wo wu

Wi
wi
...

Wito

Uwe malt Wito .

Lisa malt Uwe am ● .

Was tut Mia ? Mia ruft Wito .

Mia und Mio sind am .

Mama und Papa sind am .

Da ruft Mia : Doris !

Doris ist im [Turm].

Doris ruft : Mia !

Alle [rufen]: di del du del da del .

Alle malen :

Was malt Willi ?

Willi malt das Lama .

Nena malt den Esel mit Tinte .

Maria und Mio malen Tannen .

Susanne malt rote Rosen .

Rudi malt Sonne und Mond .

N a m e    Name

N a s e    Nase

N a d e l   Nadel

W i n t e r   Winter

Na
na
...

Nina und Nena lesen .

Was lesen Nina und Nena ?

Was alle tun :

Mia ist an der .

Uwe und Timo malen .

Uhr

Wir essen in der Schule :

Müsli 500g oder

Es ist 9 Uhr.

Alle wollen essen.

Anna will Müsli mit Rosinen.

Mio will Müsli mit Ananas.

Uwe will nur Melone und Nüsse.

Tim und Martin essen .

Mia isst Müsli mit Mandeln.

Was isst Susi ? Susi will nur Salami.

Alle Schüler waschen in der Wanne :

Teller, Tassen, Messer und Schüsseln.

31

## Im Winter

Der Winter ist da.

Mia und Mio

rollen den Schnee.

Wer ist das ?

Unten ist er rund.

In der Mitte

ist er rund.

Das ist der

Schneemann.

Wer ist das ?

    Das ist der Schneemann.

Was ist das ?

    Das ist der ...

Was ist das ?

    Das ist der ...

Was ist das ?

    Das ist der ...

Was ist das ?

    Das ist der ...

# Der erste Schnee

Der erste Schnee ist da.

Simon nimmt den Schlitten.

Marina nimmt den Schlitten.

Alle rennen los.

Schlitten rasen schnell

in das Tal.

Mio und Mia rasen

schneller und schneller.

Simon landet im Schnee.

Schnee ist in der Nase.

Schnee ist im Mund.

Das ist toll!

## *Lisa und Reiner reimen*

Lisa und Reiner sind allein.

Alles ist leise.

Was sollen Lisa und Reiner tun ?

Wir wollen reimen :

leise       –  Meise
Leiter     –  Reiter
meine    –  deine
weinen  –  scheinen

36

Wir reimen weiter und malen.

Das ist toll.

Sei mal leise – da ist eine Meise.

Lisa malt ein Nest
mit einem Reim darunter.

Reiner rate : 1 2 3 – Was ist im Ei ?

## In der Schule

Niki und Karin wollen lesen.
Mareike will einen Kinder-Krimi lesen.

Sara meint: Das ist das Karo-Ass.
Mirko und Kati wollen alle Karten
kennenlernen.

Mirko mischt Karten.

Mia und Mio knacken Nüsse.
Timo und Nena essen kleine Kerne.
Karin und Niko essen Schokolade.
Alles schmeckt lecker.

Um 22 Uhr schlummern alle Kinder.
Leise tickt der Wecker:
ticke, tacke, ticke, tacke.

Wann wird der Wecker rasseln?

braun

## Am Abend

Bastian ist allein.
Seine Eltern sind im Kino.
Bärbel ist bei Oma.

Was soll er nur tun?
Soll er das Radio einschalten
oder lesen?

Da kommt Bärbel.
Beide wollen Abendbrot essen.
Bastian meint:
Wir wollen Brot backen.

Bärbel backt alle kleinen Brote.

Bald sind alle Brote braun.

Bärbel schneidet das Brot

in Scheiben.

Bastian will das Brot

mit Butter essen.

Schon kommen beide Eltern.

Mutter meint: Meine Kinder sind

tolle Bäckermeister.

Kleine Brote schmecken lecker.

## Bei den Eskimos

Eskimos leben im Norden.

Dort ist im Sommer immer Sonnenschein.

Im Winter ist es dunkel und bitterkalt.

Der Fellmantel ist warm.

Eskimos wollen frische Fische essen.

Eskimos müssen fischen.

Fische schwimmen unter der Eisdecke.

Wo ist das Eis offen?

Kleine Futterbrocken sind

an der dünnen Schnur.

Fische wollen das Futter fressen.

Frische Fische schmecken fein.

Am Abend feiern alle Eskimos ein Fest.

Alle schreiten im Kreis und werden schneller

und schneller.

## Schule ist aus

Klaus und seine Kameraden
kommen aus der Schule.
Auf einmal ruft Mio: Klaus, schau,
auf der anderen Seite ist dein Bruder.
Er wartet am Auto.
Klaus saust sofort los.
Er schaut nur auf das Auto.

Au au

Was ist los?

Klaus schreit laut:

Au, au mein Daumen.

Sein Bruder kommt schnell und

schaut auf den Daumen.

Der Daumen blutet. Martin wickelt

eine Binde um den Daumen.

Nun ist es besser.

## Geister im Turm

Es ist Abend. Der Mond scheint.
Gabi und Gisela sind schon am Turm.
Beide warten auf Günter und Robert.
Alle Kinder wollen das Fest
der Geister feiern.

Gisela und Gabi schlagen Nägel ein.
Gelbe und grüne Girlanden
schmücken den alten Turm.
Schaurige Laternen sind
auf der Gartenmauer.

Günter holt Laken.

Los, wir hüllen uns ein,

sagen Gabi und Gisela.

Schon kommen ihre Eltern.

Da beginnt der Geisterreigen:

hui – hui, hui – hui.

Gabi und Gisela gaukeln

hin und her.

Den Eltern gefällt es gut.

Günter und Robert grillen.

Alle essen eine feine Wurst.

Nun gehen Eltern und Kinder

gemeinsam heim.

## Im Riesenland

Dieter schläft tief.

Aber was ist das?

Auf einmal kann er fliegen.

Dieter landet auf der Insel

des Riesen Timbetu. Was ist da los?

Auf einer grünen Wiese

sind riesige Tiere mit Riesenhörnern,

Bienen und Fliegen mit Riesenflügeln,

Regenwürmer wie Riesenboas.

ie
ö

Timbetu füttert die Tiere.
Er ist höher als ein Turm,
hat Augen wie Scheinwerfer,
Hände wie Baggerschaufeln
und Schuhe wie ein Fischerboot.

Frau Timbetu schaukelt
das Riesenkind in der Wiege.
Es schreit laut.
Da rasselt der Wecker.
Es ist sieben Uhr.
Das war ein aufregender Traum.

## Panne

Papa, Mama, Paula und Peter sind
mit dem Auto unterwegs.
Auf einmal hören sie es knallen und klappern.
Wir haben eine Panne, rufen Mama und Paula.
Sie parken das Auto am Waldrand.

Papa redet in das Telefon.
„Wir müssen auf die Pannenhilfe warten",
sagt Papa.

Was sollen wir tun,

fragen Paula und Peter.

Schaut, da ist ein Ameisenhaufen,

ruft Mama.

Ameisen rennen über den Boden.

Wespen schwirren um die ⌐Äpfel⌐ und Pflaumen.

Unter Blättern krabbeln Raupen.

Sie fressen und fressen.

Mama sagt: Aus der Raupe wird eine Puppe.

Aus der Puppe wird ein Falter.

„Wir müssen aufpassen,

ob die Männer der Pannenhilfe

kommen", sagt Peter.

## Bald ist Ostern

Die Sonne scheint wärmer am Himmel.
Alle Blumen blühen schon.
Der Birnbaum und die Büsche bekommen Knospen.
Am Morgen pfeift die Amsel ihr Lied.

An Ostern wollen alle Kinder bunte Eier haben.
Die Eltern malen die weißen Eier mit Farbe an.
Hans und Heidi helfen der Mutter.
Sie backen Lämmer, Hasen und Hennen
im heißen Ofen.

Am Ostermorgen liegen die Eier im Garten.

Heidi und Hans holen die Körbe.

Sie laufen in den Garten hinter dem Haus.

Die Eltern schauen aus dem Fenster.

Hans findet seinen Osterhasen
unter der Hecke.
Heidi findet die Ostereier
unter einem Haufen aus Blättern und Gras.
Da sagen die Kinder:

„Feine Eier hat der Has',
überall gelegt ins Gras."

Feuer

### Tiger in Indien

Tante Ines und Onkel Richard
haben eine Reise nach Indien gemacht.
Sie sind auf Besuch
und berichten über ihre Erlebnisse.

Wir haben Tiger im Dickicht gesehen.
Sie sind dicht bei uns gewesen.
Wir haben keinen Krach gemacht.
Tiger weichen den Menschen aus.

In der Nacht bewachen die Hirten ihre Herden.

Sie fachen ein Feuer an.

Tiger mögen das Licht und den Rauch nicht.

Sie schleichen um das Lager und fauchen.

Achim sagt: „Ich habe Tiger im Tierpark gesehen.

Wir lesen auch in einem Tierbuch.

Elke und ich malen Bilder mit Tigern.

Das ist toll."

Wir wollen auch einmal

nach Indien reisen.

## Auf dem Bauernhof

Bärbel und Hans sind auf dem Bauernhof.

Sie helfen Onkel Hubert.

Hans füttert die Kühe.

Bärbel holt Wasser für die Hasen.

Was ist das?  In der Ecke ist ein Nest.

Sieben kleine Häschen liegen darin.

Die Kinder fragen Onkel Hubert:

„Bekommen wir ein Häschen?"

Onkel Hubert sagt:

„Sie müssen noch drei Wochen

bei der Häsin bleiben."

Bärbel darf ein Häslein auswählen.

Hans darf auch ein Häslein auswählen.

Nun sind beide Kinder glücklich.

Sie tragen die Häslein behutsam nach Hause.

Täglich sollen sie frische Blätter und Äpfel bekommen.

So gefällt es den Häschen.

## Störche

Bei uns leben nur noch
wenige Störche.
Teiche und nasse Wiesen werden
immer weniger.
Störche finden nicht genug Futter,
wie Frösche und kleine Fische.
Storchenkinder sterben oft
durch nasskaltes Wetter.

Die kleinen Störche werden schnell groß.
Die Storcheneltern kommen mit Futter
in das Nest.
Sie stehen im Nest und klappern laut
mit den Schnäbeln.
Manchmal flattern sie auf der Stelle.
Stefan und Susanne beobachten sie still.

Wann werden sie ihren ersten Flug starten?

Im Spätsommer fliegen die Störche fort.

Manche fliegen über Spanien.

Andere fliegen über Istanbul in der Türkei.

Alle überwintern in Afrika.

Dort können sie genug fressen.

Stefan und Susanne sprechen oft
über die Störche.
Ob sie im nächsten April
wiederkommen?

Mio und Mia gehen zusammen
in den Zoo. Sie zahlen an der Kasse.
Welche Tiere sollen sie besuchen?
Zwei Stunden haben sie Zeit.

Zuerst gehen sie zum Streichelzoo.
Alle Ziegen kommen an den Zaun.
Mio streichelt eine braune Ziege.
Sie hat ein zottiges Fell.
Mia hält ein Häschen im Arm.
Es zittert.

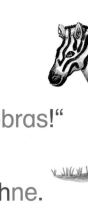

Die Kinder rennen weiter.

Mio ruft: „Schau,

da sind Pferde im Schlafanzug!"

Mia lacht und sagt: „Das sind doch Zebras!"

Im gleichen Gehege sind auch

Warzenschweine. Sie haben große Zähne.

Danach beobachten Mio und Mia

die Menschenaffen im Freigehege.

Sie spielen und schaukeln.

Mio will noch die Löwen und

Tiger anschauen.

Mia besucht im Reptilienhaus

die Krokodile.

Nun ist die Zeit um.

Sie gehen nach Hause zurück.

Max

# Max und Moritz

Max und Moritz sehen Maikäfer
auf dem Baum.
Sie schütteln die Käfer herunter
und sperren sie in eine Tüte.

Die Lausbuben schleichen
heimlich ins Schlafzimmer.
Sie stecken die Krabbeltiere
unter Onkel Fritzens Decke.

Spät geht er ins Bett
und schläft gleich ein.
Da kommen die Käfer
aus der Tüte und kitzeln
Onkel Fritz an der Nase.
Er wacht auf und schreit:
„Was ist da los?"

Er zündet seine Kerze an.
Überall kriechen
und fliegen Käfer herum.

Onkel Fritz packt
einen Pantoffel und haut
und trampelt alles tot.

Nun kann er wieder
ruhig schlafen.

nach Wilhelm Busch

# Der letzte Streich

Der Bauer Mecke füllt
eine Menge Getreide in Säcke.
Max und Moritz schauen heimlich
durch die Tür.
Später schneiden die Lausebenge
Löcher in die Säcke.

Der Bauer kommt zurück
und will das Korn
in die Mühle bringen.
Aber was ist das?
Der Sack auf seinem Rücken
wird leichter.

Bauer Mecke findet
die Schlingel im Getreide.

Er schaufelt
die Lausebengel
in einen großen Sack
und bringt sie zur Mühle.

Die Buben brüllen laut.
Der Müller schüttet
die Bösewichter
in den engen Trichter.

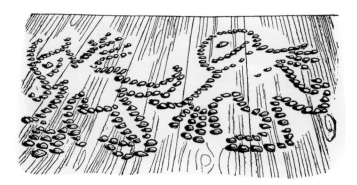

Rickeracke – rickeracke

geht die Mühle mit Geknacke.

Hier kann man sie noch erblicken,

fein geschrotet und in Stücken.

nach Wilhelm Busch

# Die Geschichte des Raben Jakob

Eines Tages wollte der Jäger Jürgen
auf die Jagd gehen.
Also zog er seine grüne Jägerjacke an,
setzte seinen Jägerhut auf und
hängte sich sein Jagdgewehr
über die Schulter.
Der Jagdhund Jockel sprang
aufgeregt um ihn herum.

Der Rabe Jakob, der im Garten beim Försterhaus
wohnte und sogar sprechen konnte,
wäre auch gerne mitgekommen.
Er krächzte immer: „Jakob, Jakob."
Aber er musste zu Hause bleiben,
weil er schon oft die Hasen gewarnt hatte.

Jakob aber breitete seine Flügel aus
und der Wind trug ihn fort.

Er war schneller im Wald, als der Jäger und
der Hund laufen konnten.

Allen Hasen, die er unterwegs sah,
rief er zu: „Lauft schnell weg!"

Alle Hasen rannten schnell weg.

Der Jäger und der Hund suchten im ganzen Wald
und fanden keinen Hasen. Der Rabe Jakob aber
saß hoch oben in einem Baum und krächzte laut:
„Jakob, Jakob, Jakob!"

# Eulen jagen in der Nacht

Neun Pfadfinder machen mit
Sebastian einen Ausflug in den Wald.
Sie wollen Tiere beobachten.
Hinter einer alten Scheune ruft Eugen:
„Da liegen komische Bällchen."
Sebastian, der Gruppenleiter,
eilt herbei und sagt:
„Ich werde euch etwas zeigen!"

Er breitet sein neues Taschentuch auf dem Boden aus.
Mit zwei Ästchen zupft er das Gewölle auseinander.
Eugen staunt: „Das sind ja kleine Knochen!"
Sebastian erklärt:
„Eulen jagen in der Nacht.
Sie überraschen die Beute
und töten sie mit
ihren spitzen Krallen."

Kleine Tiere schlingen sie ganz hinunter.

Fell und Knochen werden im Magen

zu einem Kloß zusammengebacken

und wieder ausgespuckt.

Einen solchen Kloß nennt man Gewölle.

Eugen fragt: „Wo ist die Eule jetzt?"

Sebastian sagt: „Sie sitzt sicher auf dem Heuboden

der alten Scheune und ruht sich aus.

Eulen sind sehr scheue Tiere!"

Beutetiere:

## *Vogelnest im Garten*

Eva und Vater sitzen auf der Gartenbank.

Sie verhalten sich ganz still.

Oben im Baum haben sie ein Vogelnest entdeckt.

Der schwarze Amselvater füttert gerade

vier junge Vogelkinder.

Sie sind noch nackt und blind.

Weit sperren die Jungen ihre gelben Schnäbelchen auf.

Die Vogeleltern bringen
viele Raupen, Würmer und Käfer.
Jeden Tag werden die kleinen
Vögel größer und größer.
Eine Woche später öffnen sich
ihre Augen.
Nach und nach bekommen sie
Federn.

Eines Tages ist es so weit.
Sie verlassen das Nest.
Vater sagt zu Eva:
„Kater Mikesch muss
im Haus bleiben!"

## *Was Tiere träumen*

Was träumen wohl die Mäuschen
in ihren Mäusehäuschen?
Wir wollen es verraten,
sie träumen von dem Braten
in unserm Küchenschrank.

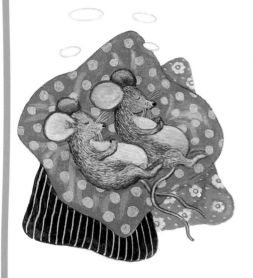

Was träumen wohl die Kätzchen
auf ihrem Ofenplätzchen?
Wir wollen es verraten,
sie träumen von dem Braten
in unserm Küchenschrank.

Was träumen wohl die Hündchen
in ihren Schlummerstündchen?
Wir wollen es verraten,
sie träumen von dem Braten
in unserm Küchenschrank.

Was träumt das ganze Häuschen,
träumt Hündchen, Kätzchen, Mäuschen?
Wir wollen es verraten,
sie träumen von dem Braten
in unserm Küchenschrank.

James Krüss

## Die Frösche quaken

Eva und ihre Eltern wohnen
in einer Villa. Das Haus
steht in einem großen Garten.
Aus einer Quelle fließt Wasser
in einen Gartenteich.
Jeden Abend hört Eva
die Frösche quaken.

Eva kann viele Tiere
beobachten. Libellen
schwirren durch die Luft.
Vier Goldfische schwimmen
im klaren Wasser. Frösche
schnappen nach Fliegen.

Vater erklärt: „Die Froschmännchen haben
zwei Schallblasen hinter den Mundwinkeln.
Mit diesen können sie laut quaken.
Damit werden die Weibchen angelockt.
Sie legen im Frühjahr sehr viele Froscheier.
Nach etwa drei Wochen
schlüpfen die Kaulquappen aus.
Später werden kleine Frösche daraus."

Qua, qua, que, qui, quo,
Frösche quaken so!

## Auf dem Ponyhof

Sylvia hat heute Geburtstag.
Sie ist nun sieben Jahre alt.
Mama schenkt ihr einen Teddy.
Von Papa bekommt Sylvia ein Buch
über Ponys.
Im Buch findet sie eine Reitkarte
für 10 Reitstunden auf dem Ponyhof.

Nach der Schule kommen
Sibylle und Hanny zur Party.
Sylvia bläst die Kerzen aus.
Alle essen Kuchen und
trinken Apfelsaft.

Dann gehen sie gemeinsam mit den Eltern zum Ponyhof.

Die Besitzerin Yvonne Frey zeigt ihnen die vielen Tiere.

Sylvia gefällt ein weißes Pony.

Sie streichelt sein weiches Fell und ruft:

„Auf diesem Pony will ich reiten!"

Frau Frey sagt: „Heute fahren wir lieber in der Kutsche.

Reiten musst du erst lernen!"

Nach zwei Stunden gehen sie nach Hause.

Sylvia sagt zu Papa:

„Ponyreiten ist ein

schönes Hobby."

## Clowns im Zirkus

Auf der Wiese am Stadtrand hat der
Zirkus Carlos sein großes Zelt aufgebaut.
Cornelia, Claudia und Nico gehen
gemeinsam in die Vorstellung.

Zuerst kommt ein Cowboy
mit vier braunen Pferden.
Er lässt seine Peitsche knallen.
Die Pferde galoppieren im Kreis.

Dann sind die Clowns dran.

Sie heißen Piccolo, Sax und Co.

Nico meint: „Die haben aber

viel Creme im Gesicht!"

Cornelia lacht und antwortet:

„Das ist doch Schminke!"

Piccolo spielt auf der Piccolo-Flöte.

Sax bläst das Saxofon.

Co schlägt die Trommel.

Bei jedem Schlag spritzt Wasser

auf die Zuschauer. Sie rufen: „Bravo, bravo!"

„Echt gut", flüstert Claudia Nico ins Ohr.

# Hexe Trixi

Trixi will eine richtige Hexe werden.
Sie kann schon sechs Zaubersprüche.
Beim Besenbinder Xaver kauft Trixi
einen schönen Besen.

Auf dem Heimweg will sie wie Abraxas fliegen,
doch es gelingt nicht.
Abraxas sagt: „Du musst den Besen verhexen!"
Trixi schlägt das Hexenlexikon auf.
Sie findet den richtigen Zauberspruch:

„Klix und klax – fix und fax,
Xavers neuer Besen – bist du nun gewesen!"

Wie ein Wirbelwind saust die
kleine Hexe mit dem Besen dahin.
„Aufpassen, der Kirchturm",
schreit Abraxas.
Trixi ruft: „Der Sausebengel
ist mir durchgegangen.
Ich muss ihn richtig einfliegen."

Sie lenkt den Besen auf die freien Felder hinaus.
Beim Hexenhaus gelingt ihr eine glatte Landung.

Trixi sagt: „Fliegen macht durstig.
Ich mixe uns zwei Becher Hexenlimo!"

## Die Bremer Stadtmusikanten

Es waren einmal ein Esel, ein Hund, eine Katze
und ein Hahn auf dem Weg nach Bremen.
Sie wollten dort Stadtmusikanten werden.
Am Abend kamen sie in einen großen Wald.
In der Ferne sahen sie einen schwachen Lichtschein.
„Das wird ein Haus sein", sagten sie und
machten sich auf den Weg dorthin.

Der Esel schaute zum Fenster hinein und
erblickte eine Räuberbande an einem gedeckten Tisch.
Die Tiere beratschlagten,
wie sie die Räuber fortjagen könnten.

Der Esel stellte sich mit den Vorderhufen auf die
Fensterbank. Der Hund sprang auf seinen Rücken.
Die Katze kletterte auf den Hund.
Endlich flog der Hahn hinauf und setzte sich der Katze
auf den Kopf. Auf ein Zeichen machten sie Musik:
ia – miau – wauwau – kikeriki.

Dann stürzten sie durch das Fenster,
dass die Scheiben klirrten. Die Räuber erschraken
und flohen in größter Furcht in den Wald hinaus.
Die vier Musikanten freuten sich über das reiche Mahl.
Die Räuber trauten sich nicht mehr in das Haus zurück.
Die Bremer Stadtmusikanten blieben dort
bis an ihr Lebensende.

# Übersicht der Ankertiere zu den verwendeten Lauten

## A a

Affe

## Au au

Auerhahn

## Ä ä

Känguru

## B b

Bär

## C c
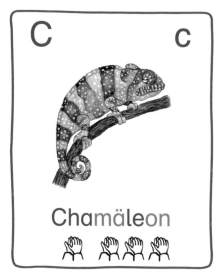
Chamäleon

## ch

Katze (fauchen)

## D d

Delfin

## E e

Elefant

## Ei ei

Eichhörnchen

| Eu eu | F f | G g |
|---|---|---|
|  Eule | 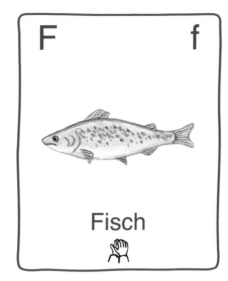 Fisch |  Gans |
| H h | I i | J j |
|  Hase |  Igel |  Jaguar |
| K k | L l | M m |
|  Kakadu |  Löwe |  Maus |

## Übersicht der Ankertiere zu den verwendeten Lauten

| N | n |
|---|---|

Nashorn

| ng | |
|----|--|

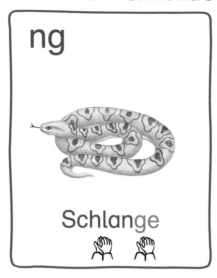

Schlange

| O | o |
|---|---|

Orang-Utan

| Ö | ö |
|---|---|

Kröte

| P | p |
|---|---|

Papagei

| Pf | pf |
|----|----|

Pfau

| Qu | qu |
|----|----|

Qualle

| R | r |
|---|---|

Reh

| S | s |
|---|---|

Seepferdchen

**Sch    sch**

Schildkröte

**Sp    sp**

Specht

**St    st**

Storch

**T    t**

Tiger

**U    u**

Uhu

**Ü    ü**

Kühe

**V    v**

Vogel

**W    w**

Wal

**X    x**

Boxer

# Übersicht der Ankertiere zu den verwendeten Lauten

Y y

Yak

Z z

Zebra

## Übersicht der Lautgebärden

Die Lautgebärden schlagen die Brücke zwischen dem Buchstaben und dem Laut. Sie ermöglichen eine eindeutige Identifizierung der Konsonanten, ohne – wie in der Silbenmethode gefordert – ihre „Namen" zu Beginn bekannt zu geben. Um eine Silbe mit Lautgebärden anzuzeigen, werden die Gebärden kombiniert.

Für die Lautgebärden im ABC der Tiere waren folgende Überlegungen ausschlaggebend:

• die optische Entsprechung, z.B. bei x, z
• die Richtung, z.B.: Auf welcher Seite des „a" ist der Balken?
• der Artikulationsort, z.B. bei g, l
• die Artikulationsdynamik, z.B. bei p, t
• weitere eindringliche Assoziationen, z.B. bei au, ch

Diese Zusammenstellung von Gebärden wurde von dem Autorenteam entwickelt und wird seit über 10 Jahren erfolgreich eingesetzt. Für manche Kinder kann es hilfreich sein, die Gebärden gemeinsam mit dem Lehrer vor einem Spiegel zu trainieren, um die Mundstellung direkt zu sehen und zu besprechen.

a

seitenrichtige Aufsicht

Beide Hände bilden ein a. Rechte Hand ist der Balken. Assoziation: Schreibrichtung von links nach rechts: Das a hat den Balken rechts. (Lehrer spiegelbildlich)

au

Eine Hand umschließt den Daumen der anderen Hand. Assoziation: „Au, mein Daumen!"

b

Finger und Daumen berühren sich vor den geschlossenen Lippen. Beim Sprechen bewegen sie sich leicht vom Mund weg.

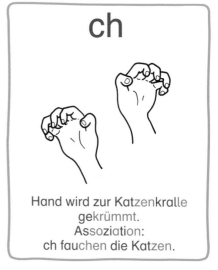

ch

Hand wird zur Katzenkralle gekrümmt. Assoziation: ch fauchen die Katzen.

# Übersicht der Lautgebärden

## d

Zeigefinger tippt leicht in den Handteller.
Assoziation:
Zunge drückt leicht gegen den Gaumen.

## e

Daumen und Zeigefinger werden an die Mundwinkel angelegt.
Assoziation:
Daumen-Zeigefinger-Spanne greift den Querstrich des e ab.

## ei

Streichelbewegung an der Wange.
Assoziation: Ein Baby streicheln: „ei – ei!"

## eu

Hände wie ein Fernglas vor den Augen.
Assoziation:
So schaut die Eule.

## f

Zeigefinger wird gegen die Unterlippe gedrückt.
Assoziation:
Das f wird über den Finger gepustet.

## g

Daumen und Zeigefinger werden geschlossen an den Kehlkopf gelegt.
Assoziation:
Hier entsteht das g; Hand bildet den „Kopf" des g.

## h

Innere Handfläche wird angehaucht.
Assoziation:
h wie hauchen.

## i

Zeigefinger unter das Kinn – Zeigefinger tippt auf den Kopf.
Assoziation:
Das i hat ein Pünktchen.

## j

Arm über Kopf strecken und Hand abwinkeln.
Assoziation:
Großer Junge.

# Übersicht der Lautgebärden

## k

Faust mit abgewinkeltem
Zeigefinger.
Assoziation:
Wir klopfen an.

## l

Handfläche und Finger sind
nach oben gekrümmt.
Assoziation:
Zungenstellung wird
nachgeahmt.

## m

3 Finger auf die
geschlossenen Lippen.
Assoziation:
3 „Beinchen" von m.

## n

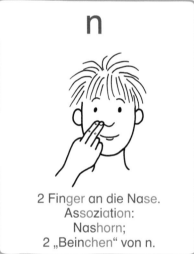

2 Finger an die Nase.
Assoziation:
Nashorn;
2 „Beinchen" von n.

## ng

Daumen und Zeigefinger
drücken gegen die Nasenflügel.
Assoziation:
So entsteht der Nasallaut.

## o

Daumen und Zeigefinger
bilden einen Kreis.
Assoziation:
Das o ist rund.
O, der schöne Mond …

## p

Daumen und Zeigefinger
werden geschlossen an die
Lippen gelegt und öffnen sich
explosiv nach vorne.
Assoziation:
Das p platzt auf!

## qu

Beide Hände bilden das
Quakmaul mit den Schallblasen
(wie bei u, aber mit
gekrümmten Fingern).
Assoziation:
So quaken Frösche.

## r

Zeigefinger kreisen vor Kehle
umeinander.
Assoziation:
Da rrrrrollt es.

## s

Zeigefinger bewegt sich
s-förmig vom Munde fort.
Assoziation:
Züngelnde Schlange;
S-Kurve

## sch

Beide Fäuste drücken
auf die Wangen.
Assoziation:
Luft wird kräftig herausgestoßen.

## t

Handrücken gegen
den Mund halten.
Assoziation:
Luftstoß wird wahrgenommen;
Unterarm bildet den
Querstrich nach.

## u

Beide Hände bilden
den U-Schwung nach.
Assoziation: oben offen.

## v

Finger bilden ein v
vor dem Mund.
Assoziation:
v wie Vogel.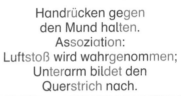

## w

Flache Hand an
die Unterlippe legen.
Assoziation:
Wind bläst über die Kante.

## x

Übereinander gekreuzte
Zeigefinger bilden ein x.
Assoziation:
Hexenkreuz.

## y

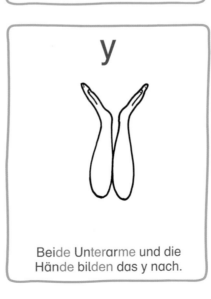

Beide Unterarme und die
Hände bilden das y nach.

## z

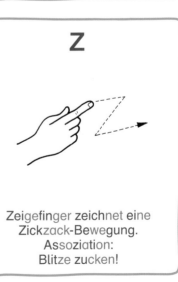

Zeigefinger zeichnet eine
Zickzack-Bewegung.
Assoziation:
Blitze zucken!

# Inhalt

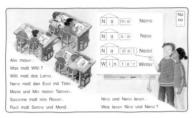

# Inhalt

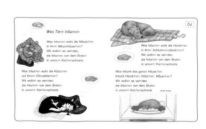

## Anhang

Quellenverzeichnis

Was Tiere träumen, S. 72 / 73
Text: James Krüss

Aus „Das zweite Liedernest"
Fidula-Verlag, Boppard /
Rhein und Salzburg

# ABC der Tiere 1
## Ein integrierter Lese- und Schreiblehrgang

**www.ABC-der-Tiere.de**

### Zu diesem Lehrgang gehören:

| | Bestell-Nr. |
|---|---|
| **Lesen in Silben (Silbenfibel®),** Leselehrgang, Druckschrift, 96 S., vierf., FeEbd | 1403-90 |
| **Arbeitsheft Teil A und B,** je 80 S., vierf. Gh, 2 Kartonbeilagen, CD-ROM ABC der Tiere 1 | 1403-91 |
| **Lesezirkus,** zus. Lesematerial zu Lesen in Silben, Druckschrift, 80 S., vierf., FeEbd, Kartonbeilage | 1403-92 |
| **Silbenschieber,** klein, aus Holz, 3 Schieberzungen, beidseitig bedruckt | 1405-85 |
| **Wortkarten,** 320 DIN-A8-Karten, vierf., in 5-Fächer-Lernbox | 1405-96 |
| **Silbenkärtchen, Leseteppiche, Domino,** 16 Bogen, teilw. mehrf., kt | 1402-93 |
| **CD-ROM zum Leselehrgang,** Klassenversion, Einzellizenz (Schul- und Onlinelizenz bestellfähig) (auslfd.) | 1403-95 |
| **Schreibheftchen: Mein Tierbüchlein,** 16 S., vierf., DIN A5, Gh | 1402-96 |
| **Kartensatz** aus „Klatsch die Silbe!", 1 Spielplan, 2 Setzer, 1 Würfel, 24 Silbentaler, 1 Spielkartenset | 1402-89 |
| **Klatsch die Silbe!,** Spiel zum Einüben des Silbenklatschens, 10er-Set, im Schmuckkarton | 1402-99 |
| **Schreiblehrgang, Druckschrift,** Teil A und B, je 64 S., vierf., Gh, Beilage „Lauttabelle" | 1403-81 |
| **Schreiblehrgang, Grundschrift,** Teil A, B (Einübung der Buchstaben, je 64 S.) und C (Einübung der Verbindungen, 24 S.), Kartonbeilage „Lauttabelle", vierf., Gh. Kein weiterer Schreiblehrgang nötig. | 1403-72 |
| **Schreiblehrgang LA in Sammelmappe,** 64 S., vierf., Beilage „Schreibtabelle", gl | 1405-82 |
| **Schreiblehrgang VA in Sammelmappe,** 64 S., vierf., Beilage „Schreibtabelle", gl | 1405-83 |
| **Schreiblehrgang SAS in Sammelmappe,** 64 S., vierf., Beilage „Schreibtabelle", gl | 1405-84 |
| **Handbuch Teil A,** methodisch-didaktische Kommentare, Ringbuch | 1403-70 |
| **57 Folien** zu den Arbeitsheften (1403-91), vierf., Ringbuch, inkl. Folien als PDF auf CD-ROM | 1403-75 |
| **Schwungübungen,** 88 Seiten, 82 KVs, Spiralb. | 1403-71 |
| **Arbeitsblätter zum Lesezirkus** (1403-92 und 1402-92), Kopiervorlagen, Gh | 1403-74 |
| **Silbenschieber,** groß, aus Holz, Groß- und Kleinbuchstaben | 1405-79 |
| **Arbeitsblätter zur Differenzierung,** 238 Kopiervorlagen, 244 S., Druckschrift, Ringbuch | 1403-77 |
| **Fit für den Schulbeginn,** Übungsmaterial inkl. Schuleingangstest, 48 S. inkl. 34 KVs, Gh | 1402-78 |
| **Musik-CD,** 25 Lieder, 6 Sequenzen mit Kontrastpaaren, gesungen und als Play-back | 1403-80 |
| **Poster** zu den Ankertieren, DIN A0, gefaltet auf DIN A4 | 1405-78 |
| **Silben-Generator,** Einzellizenz, CD-ROM, DVD-Box, Booklet (auch als Schul- und Netzwerklizenz bestellbar) | 1403-79 |
| **ABC der Tiere 1 und 2,** Lernkontrollen als Word®-Datei, DVD-Box, Einzellizenz | 1403-88 |
| **ABC der Tiere 1 und 2,** Lernkontrollen als Word®-Datei, DVD-Box, Schullizenz | 1403-89 |

**Bestell-Nr. 1403-90 · ISBN 978-3-619-14390-0**

| Auflage | 11 | 10 | 9 | 8 |
|---|---|---|---|---|
| Jahr | 2022 | 2021 | 2020 | 2019 |

Alle Rechte vorbehalten.

© 2010 Mildenberger Verlag GmbH, 77610 Offenburg

www.mildenberger-verlag.de · E-Mail: info@mildenberger-verlag.de

Das Werk und seine Teile sind urheberrechtlich geschützt. Jede Nutzung in anderen als den gesetzlich zugelassenen Fällen bedarf der vorherigen schriftlichen Einwilligung des Verlages. Hinweis zu § 52 a UrhG: Weder das Werk noch seine Teile dürfen ohne eine solche Einwilligung eingescannt und in ein Netzwerk eingestellt werden. Dies gilt auch für Intranets von Schulen und sonstigen Bildungseinrichtungen.

Druck: Grafisches Centrum Cuno GmbH & Co. KG, 39240 Calbe
Gedruckt auf umweltfreundlichem Papieren.

**Silbenfibel®** und **Silbenmethode mit Silbentrenner®** sind eingetragene Marken der Mildenberger Verlag GmbH.

**Bezugsmöglichkeiten**

Alle Titel des Mildenberger Verlags erhalten Sie unter:
**www.mildenberger-verlag.de**
oder im Buchhandel. Jede Buchhandlung kann alle Titel direkt über den Mildenberger Verlag beziehen.
Ausnahmen kann es bei Titeln mit Lösungen geben: Hinweise hierzu finden Sie in unserem aktuellen Gesamtprogramm.